JUNIORU VARAVĪKSNE

KAĶU KRĀSAS

JAUNO PRĀTU IEPAZĪSTINĀŠANA AR KRĀSĀM

RAINBOW ROY

JUNIORU VARAVĪKSNE
KAĶU KRĀSAS
JAUNO PRĀTU IEPAZĪSTINĀŠANA AR KRĀSĀM
RAINBOW ROY

Varavīksne ir piepildīta ar visu veidu krāsām.

Kopā mēs izpētīsim krāsas un uzzināsim arī par kaķiem.

SARKANS

Sarkans, kā
Abisīnijas
kaķis.

APELSINS

Oranžs, kā tabby kaķis.

DZELTENS

Dzeltens, kā
Siāmas kaķis.

ZAĻŠ

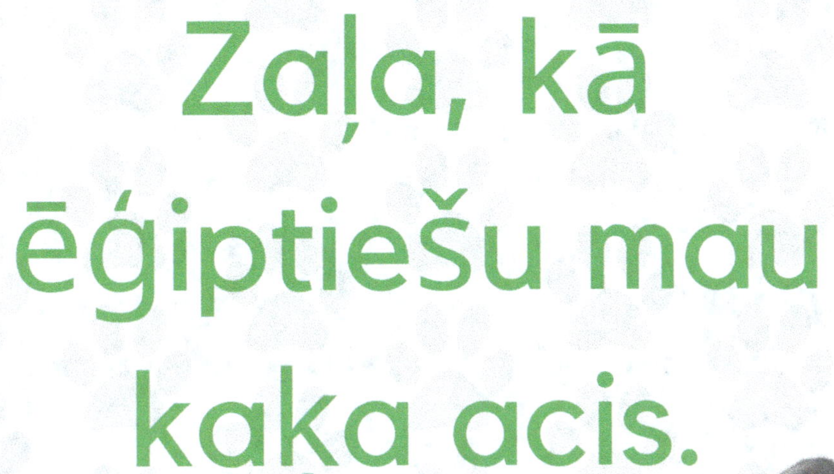
Zaļa, kā
ēģiptiešu mau
kaķa acis.

ZILS

Zils, kā krievu
zils kaķis.

INDIGO

Indigo, patīk šī kaķa rotaļlieta.

VIOLETS

Violeta, kā šī
kaķa apkakle.

Tagad apskatīsim dažas citas krāsas ārpus varavīksnes!

ROZĀ

Rozā, kā Sfinksas kaķis.

BRŪNAS

Brūns, kā Bengālijas kaķis.

BALTS

Balta, kā turku angora.

MELNS

Melns, kā
Bombejas kaķis.

PELĒKS

Pelēks, kā britu īsspalvainais kaķis.

Tagad redzēsim, ko esat iemācījušies!

Kādā krāsā ir šis kaķis?

Šis kaķis ir oranžā un baltā krāsā.

Kādā krāsā ir šis kaķis?

Šis kaķis ir
pelēks.

Kādā krāsā ir šo kaķu acis?

Viņa acis ir
dzeltenas.

Tu esi tik gudrs! Vienmēr turpiniet mācīties un nekad neaizmirstiet savu mīlestību pret mācīšanos.

www.ingramcontent.com/pod-product-compliance
Lightning Source LLC
Chambersburg PA
CBHW081404160726
48000CB00010B/3473